1. 8. 2012

Liebe Brigitte,

ich wünsche Dir mit diesem Buch schöne Momente und Inspiration.

Deine Schwester

Marlies

D1866252

Geh deinen *eigenen Weg*

Ashley Lippert

GROH

Was immer du tun kannst oder
wovon du träumst – fang damit an.
Mut hat Genie, Kraft
und Zauber in sich.

Johann Wolfgang von Goethe

Träume

Ideen und Träume …

nimm sie ernst. Egal, was andere dazu sagen,
Träume sind viel mehr als nur Luftschlösser.
Nur wer seinen inneren Bildern vertraut
und sich selbst etwas zutraut,
kann seinen Weg finden.

Lust auf Veränderung?

Wenn du spürst, dass es Zeit ist,
etwas zu verändern, dann zögere nicht.
Fang heute an, aktiv zu werden.
Du musst ja nicht gleich
die Welt aus den Angeln heben.
Beginne mit einer Kleinigkeit und spüre,
wie gut dir diese Erfahrung tut.

Trau dich!

Was du auch vorhast,
wohin es dich auch zieht,
glaub an dich und trau dir ruhig was zu.
Oft unterschätzen wir nämlich unsere Talente.
Wer wagt, der gewinnt, und
geht nicht, gibt's nicht!

Man entdeckt
keine neuen Erdteile,
ohne den Mut zu haben,
alte Küsten aus den Augen
zu verlieren.

André Gide

Mut

Schöne Aussichten

Wenn du gewohnte Pfade verlässt,
braucht das schon ein wenig Mut.
Aber du wirst für dein Wagnis reich belohnt.
Mit neuen Aussichten,
überraschenden Erlebnissen
und spannenden Begegnungen.

Würze des Lebens

Du kannst aus unendlich vielen
verschiedenen Möglichkeiten wählen.
Probiere aus, was dir gut tut.
Prüfe, was für dich stimmt.
Finde heraus, was zu dir passt.
So bekommt dein Leben die „rechte Würze".

CURY
HENNA

Zwischen
Entweder und Oder
führt noch manches Sträßlein.

Victor von Scheffel

Wege gehen

Auf Wunder warten,

das ist nichts für dich.
Du weißt genau, es liegt in deiner Verantwortung,
ob sich etwas in deinem Leben bewegt.
Und wenn der Zufall dir dann doch
unerwartete Geschenke beschert –
umso schöner!

Begeisterung, ...

Lebenslust und der Mut,
deine Träume in die Tat umzusetzen,
das ist der Stoff, aus dem du dein ganz
eigenes Lebensmodell entwirfst.
Nur Mut! Gerade aus „verrückten" Ideen
entstehen oft die besten Ergebnisse.

Bigger Design
Premium All Australian Wool
DK Merino First Cross

Ohne Begeisterung
ist noch nie etwas Großes
geschaffen worden.

Ralph W. Emerson

Begeisterung

Eigene Spuren

Du weißt, was du willst, und orientierst dich
heute nicht mehr so sehr an anderen.
Du bist bereit, deinen eigenen Weg zu gehen,
willst eigene Spuren hinterlassen.
Das ist toll. Sei stolz darauf.

Am liebsten ...

würdest du gleich losstarten.
In deinem Kopf ist alles schon geregelt.
Genieße diese Begeisterung, doch überstürze nichts.
Plane vorausschauend die nächsten Schritte.
Mit guter Vorbereitung bist du besser unterwegs.

Das Kunststück ist nicht,
dass man mit dem Kopf durch
die Wand rennt, sondern dass
man mit den Augen die Tür findet.

Georg von Siemens

Entdecken

Ergreife die Chance

Denke nicht zu viel an die Schwierigkeiten,
die dir vielleicht begegnen könnten.
Das nimmt dir bloß den Schwung. Öffne dich
für all die neuen Chancen auf deinem Weg.
Sie warten darauf, ergriffen zu werden.

Du bist nicht allein

Freunde sind fantastische Wegbegleiter.
Sie motivieren uns, wenn wir mal zweifeln,
stupsen uns an, wenn wir unnötig zögern,
teilen voll Freude unseren Übermut
und jeden Erfolg.
Wie schön, dass es solche Verbündete gibt.

Keine Straße ist lang
mit einem Freund an der Seite.

Rainer Maria Rilke

Richtungswechsel

Manchmal erkennen wir erst nach einer Weile,
dass die Richtung für uns nicht mehr stimmt,
Bleib locker. Es ist doch völlig in Ordnung,
deine Meinung zu überdenken,
umzukehren oder die Route zu ändern.

Lass dir Zeit

Du bestimmst das Tempo auf deinem Weg,
und du entscheidest, wann es Zeit ist,
sich zu erholen. Mag sein, dass andere
größere Schritte machen, gut möglich,
dass sie eine kürzere Route wählen.
Doch du kennst dein Ziel und weißt auch,
dass du nach einer Pause
mit neuer Kraft durchstarten kannst.

Geh langsam, und
du findest immer wieder
zu dir selbst.

Arabisches Sprichwort

sich finden

Dein Weg ...

setzt sich aus vielen kleinen Schritten zusammen.
Vielleicht kommt es dir manchmal so vor, als
würde sich überhaupt nichts vorwärts bewegen.
Dabei hast du doch schon vieles erreicht.
Feiere auch diese kleinen Erfolge.

Gönn dir die Freiheit

Einfach mal aus der Reihe tanzen.
Reggae hören, wenn alle anderen
klassischer Musik lauschen.
Das klappt sicher nicht jeden Tag.
Aber ab und zu solltest du dich ganz
nach deinem Rhythmus bewegen.
Das befreit die Seele.

Bleib dir treu und
zeig dich der Welt, so wie du bist.
Denn es ist dein Leben
und dein Weg.

Ashley Lippert

Farben des Lebens

In dieser Reihe sind außerdem erschienen:

BEGINNE DEN TAG MIT EINEM LÄCHELN
ISBN 978-3-86713-502-3

VERTRAU AUF DEINE KRAFT
ISBN 978-3-86713-504-7

LEBE DEIN LEBEN MIT GELASSENHEIT
ISBN 978-3-86713-503-0

Über die Autorin:
Ashley Lippert, bekannt als „Frau Bettina“, leitet seit vielen Jahren die Redaktion „Lebensberatung“ der Zeitschrift „die aktuelle“. Zudem arbeitet sie als freie Autorin.

Bildnachweis:
Titel, S. 40 u. U4: Sabine Lubenow/LOOK/Getty Images; S. 2: Yves Marcoux/Photographer's Choice/Getty Images; S. 5: Ghislain & Marie David de Lossy/The Image Bank/Getty Images; S. 7: David Lees/Photodisc/Getty Images; S. 9: mauritius images/imagebroker/Foto Beck; S. 10: Sherman Hines/Masterfile; S. 13: Panoramic Images/Getty Images; S. 15: mauritius images/Monsoon; S. 16: Thinkstock/iStockphoto; S. 19: Thinkstock/iStockphoto; S. 21: photography by Loretta Grayson/Flickr/Getty Images; S. 22: Rolf Bruderer/Corbis; S. 25: iStockphoto/Soren Pilman; S. 27: Jun Yamashita/ailead/amana images/Getty Images; S. 28: Glowimages/Getty Images; S. 31: Thinkstock/iStockphoto; S. 33: Steve Bloom/Taxi/Getty Images; S. 34: dk&dennis cody/Masterfile; S. 37: Aflo Relax/Masterfile; S. 39: Ric Kallaher/Corbis; S. 40: Sabine Lubenow/LOOK/Getty Images; S. 43: Thinkstock/Hemera; S. 45: iStockphoto/Chris Gramly; S. 46: iStockphoto/Manuel Meewezen.

Textnachweis:
Wir danken den Autoren bzw. deren Erben, die uns freundlicherweise die Erlaubnis zum Abdruck von Texten erteilt haben, sowie für das Zitat auf S. 11 aus André Gide, Gesammelte Werke in 12 Bänden, © 2000, Deutsche Verlags-Anstalt, München, in der Verlagsgruppe Random House GmbH.

Idee und Konzept:
Groh Verlag.

ISBN 978-3-86713-431-6

117002-4253-02

Ein Lächeln schenken

Geschenke sollen ein Lächeln auf Gesichter zaubern und die Welt für einen Moment zum Stehen bringen. Für diesen Augenblick entwickeln wir mit viel Liebe immer neue GROH-Geschenke, die berühren.

In ihrer großen Themenvielfalt und der besonderen Verbindung von Sprache und Bild bewahren sie etwas sehr Persönliches.

Den Menschen Freude zu bereiten und ein Lächeln zu schenken, das ist unser Ziel seit 1928.

Ihr

Joachim Groh

GROH